Bernhard Ka

Vision
Freundschaft

Wie man sie findet und lebt

Ein Ratgeber für mehr Lebensqualität

Impressum

© 2012 Bernhard Ka
Vision Freundschaft
Umschlaggestaltung
Ernst Haft
www.bernhardka.info
Herstellung und Verlag:
BoD- Books on Demand Norderstedt
ISBN 9783839187517

Freundschaft ist die Quelle des Lebens.
Wenn sie versiegt, endet alles Leben.

Vorwort

In unserer heutigen, schnelllebigen Zeit ist die Freundschaft ein sehr wichtiges Glied sozialer Bindungen. Umso gewichtiger ist es, Freundschaften zu schließen und sie zu pflegen.

Eine Bekanntschaft ist nicht gleich zu deuten mit Freundschaft.

Wie schnell bezeichnet man einen Menschen als seinen Freund und wie schnell stellt sich später heraus, dass er keiner war?

Die Idee dieses Buch zu schreiben überkam mich in einem stillen Moment meines Lebens, in dem ich darüber nachdachte, ob ich Freunde oder nur Bekannte hatte.

Ich musste mit Bedauern festellen, dass ich eigentlich nur Bekannte hatte, mit denen ich eine undefinierbare Beziehung unterhielt.

Eine Ausnahme ist lediglich meine Ehefrau Shirley, mit der mich eine tiefe Liebe und parallel eine intensive Freundschaft verbindet.

Aber ansonsten gab es um mich herum nichts, was ich als wirkliche Freundschaft hätte erwähnen können.

Es stellte sich für mich die Frage, was der Grund für eine fehlende Beziehung dieser Art war. Was war der Grund, keine wirkliche Freundschaft inne zu haben.

Lag es allgemein an der Interesselosigkeit der Menschen, keine nähere Beziehung mit anderen Menschen einzugehen?

Oder war die Ursache bei mir zu suchen, war ich so unausstehlich, dass sich niemand mit mir auf eine intensive Beziehung einlassen wollte? Hatte ich vielleicht zu konkrete Vorstellungen, wie eine Freundschaft aussehen sollte und wenn ja, was sollte daran falsch sein?

Nach tagelanger Grübelei kam mir die Möglichkeit in den Sinn, dass die Menschen vielleicht nicht wissen, was wirkliche Freundschaft ist und noch viel weniger wissen, wie man sie lebt – die Freundschaft.

Von jenen Tagen an machte ich es mir zur Aufgabe mehr über die zwischenmenschliche Beziehung mit Namen Freundschaft in Erfahrung zu bringen. Ich versuchte herauszubekommen, was es an Literatur zum Thema Freundschaft gab.

Als Erstes wollte ich den Ursprung des Wortes herausfinden. Ich schlug im Duden nach, um die Definition von Freundschaft zu ergründen. Dort stand nur, dass Freundschaft der Oberbegriff für eine zwischenmenschliche Beziehung ist, was ich für eine unzulängliche Erklärung hielt und mich nicht hinreichend befriedigte.

Bei meinen weiteren Recherchen fand ich lediglich heraus, dass das Wort Freundschaft aus dem mittelhochdeutschen Wort *vriuntschaft,* als auch aus dem althochdeutschen Wort *friuntscaf* entsprang, bestehend aus dem Wortstamm Freund (Vertrauter)>*mhd. vriunt, ahd. friunt, germ. frijond<* und dem Suffix *schaft.*

Aber auch diese Definition befriedigte nicht meinen Wissensdurst, weil sie nicht im Wesentlichen den Kern der Sache traf. Was ich wissen wollte, war der soziale Aspekt von Freundschaft. Herausgefordert von meiner Wissbegierde, begann ich eine intensive Suche im Internet zu starten.

Mein Weg führte mich zu diversen Webseiten, wo ich einige aufschlussreiche, aber nicht weitreichende Erläuterungen fand. Es wurde immer wieder auf zahlreiche Querverweise der Literatur von Soziologen und Psychologen hingewiesen. Bei näherer Betrachtung dieser Literatur wurde mir schnell klar, dass ich durch diesen intellektuellen Dschungel von Wörtern ein Studium über lateinisch oder griechisch absolvieren müsste, um diese Erklärungen verstehen zu können. Ich habe dennoch versucht, diese Erläuterungen im Ansatz zu lesen und zu verstehen. Nach mehreren Versuchen habe ich diese Vorhaben aufgegeben. Ich kam zu dem Schluss, dass es keine weitreichende, verständliche Literatur über Freundschaft für den durchschnittlich gebildeten Menschen gab. Vorhandenes war nicht mehr zeitgemäß und benötigte eine wesentliche Überarbeitung. Geschriebenes war so intellektuell eingefärbt, dass es eines sozialwissenschaftlichen Studiums bedurfte, um es zu verstehen.

Ich habe die Suche dennoch nicht aufgegeben und bei meinen Recherchen immer wieder

Textpassagen gefunden, die mit meinen Vorstellungen von Freundschaft übereinstimmten. Es war wie ein Puzzle, dass ich zusammengeführt habe und woraus letztendlich dieses Buch entstanden ist, das wie ich hoffe, für jedermann verständlich geschrieben wurde. Es soll aufklärend und als Ratgeber behilflich sein, um Ihre Vorstellungen von Freundschaft zu verwirklichen. Seien Sie bereit sich zu öffnen für die Aspekte dieser zwischenmenschlichen Beziehung. Sie haben nichts zu verlieren – außer Ihrer Angst. Begeben Sie sich auf eine Reise in Ihr tiefstes Inneres. Ich wünsche Ihnen viel Spaß und noch mehr Erkenntnis beim Lesen dieses Buches.

1. Teil

Wie definiert man Freundschaft?

Was ist Freundschaft?

Wie definiert man – und vor allen Dingen, wie lebt man sie – die Freundschaft?

Eine Frage, die Sie sich bestimmt schon oft in Ihrem Leben gestellt und auf die Sie bis heute keine befriedigende Antwort erhalten haben.

Im weiteren Verlauf dieses Buches möchte ich Ihnen die unterschiedlichsten Formen der Freundschaft näher erläutern und Sie dahin gehend zu motivieren, Freundschaften intensiver und richtig zu leben.

Die positiv empfundene Bekanntschaft gilt als die schwächste Form der Freundschaft. Sie ist die erste Phase der Beziehung und wird auch als Nutzfreundschaft definiert. Sie wird, aus welchen Motiven auch immer, geschlossen, um voneinander zu profitieren. Sei es nun der Geschäftspartner, um mit ihm ein gewinnbringendes Geschäft abzuschließen, der Hausmeister, den wir immer wieder mal für eine Hilfeleistung brauchen oder der Nachbar, der ein Päckchen für uns entgegengenommen hat. Zu diesen Menschen unterhalten wir mehr oder weniger eine freundschaftliche Beziehung aber noch längst keine wirkliche Freundschaft. Diese Bekanntschaften sind flüchtig und oberflächlich angelegt. Sie beinhalten keine sehr intensive Vertrautheit und ihnen fehlt es auch an tiefer gehender, intimer Nähe. Es kann davon ausgegangen werden, dass solche Bekanntschaften, werden sie nicht weiterverfolgt, genauso schnellenden, wie sie angefangen haben. Sie sind nicht von weitreichender Bedeutung.

Eine weitere Kategorie der Freundschaft ist das Zusammentreffen von Menschen in einer Gruppe,
einem Verband oder einer Organisation. In den meisten Fällen ist das Wort „Freund" schon im Namen dieser Gruppen enthalten.

Sportfreunde, Gartenfreunde, Tierfreunde, Skat-freunde, um nur einige zu nennen.

Diese Menschen kommen aus freiem Willen zu-sammen, um einen bestimmten Zweck zu verfol-gen.

Deshalb wird diese Form der Freundschaft auch Zweckfreundschaft genannt.

Inwieweit diese Freundschaften die Kriterien ei-ner wirklich tiefen Freundschaft erfüllen, sei da-hingestellt.

Als wichtigster Grund für eine Freundschaft gilt der soziale Halt in der Gesellschaft. Er beinhaltet den einfachen Erfahrungsaustausch von ge-meinsamen Interessen oder das kollektive Spiel, auf einer banalen Ebene, um eine gemeinsame, geistige Welt entstehen zu lassen. Das Erlebte in Worte zu kleiden und mit den Informationen der Anderen zu vergleichen.

Ein prägnantes Beispiel ist der Besuch einer Kneipe oder ein zwangloses Treffen zu einer Party, wo beabsichtigt wird, einen unterhaltsa-men Abend zu verbringen. Ein anderer Grund könnte sein, sich zum gemeinsamen Spiel zu treffen. Sei es Bowling, Skat oder Fußball. Es geht in erster Linie darum, sich mitzuteilen, auszutauschen, wetteifern oder einfach zu amüsieren.

In diesem Stadium einer Bekanntschaft besteht durchaus die berechtigte Hoffnung, dass sich eine weiterführende intensive Freundschaft zwischen einem oder mehreren Menschen entwickelt. Dazu bedarf es aber weitereichenden, vertrauensbildenden Gesprächen. Es muss Nähe zugelassen werden.

Wenn Sie diese Phase einer Bekanntschaft erreicht haben, nähern Sie sich der höchsten Form der Freundschaft, der „Freundschaft fürs Leben", die sich durch eine intensive und bedingungslose Bindung hervorhebt. Sie ist dadurch gekennzeichnet, dass Menschen zueinanderkommen, ohne bestimmte Zwecke, Ziele oder Nutzen zu verfolgen. In der Beziehung dieser Menschen zueinander ist es nicht mehr wichtig, wer Gewinner oder Verlierer ist. Die Rolle des Überlegenen wird völlig aufgegeben. Die Selbstaufopferung zugunsten des Anderen ist die stärkste Seite in dieser Beziehung. Auch jahrelange Trennung können dieser tiefen Freundschaft nichts anhaben. Sie ist geprägt von Vertrauen und Hilfsbereitschaft.

Der Mensch ist *sprichwörtlich* bereit „das letzte Hemd" für seinen Freund zu geben.

Eine letzte Kategorie ist der „falsche Freund".

Auf dieses Phänomen werde ich an anderer Stelle des Buches, nochmals zu sprechen kommen.

Freundschaft entwickelt sich anfänglich durch gegenseitige Sympathie, gemeinsame Interessen. In vielen Fällen ist der Arbeitsplatz oder der Freizeitbereich der Ort, wo Freundschaften ihren Anfang nehmen.

Ein bedeutsamer Aspekt der Freundschaft ist, sich vor Einsamkeit und sozialer Isolation zu schützen. Die Angst vor dem Alleinsein soll verbannt werden.

Es ist der Hauptantrieb und somit der wichtigste Grund eine Freundschaft einzugehen. Die treibende Kraft einer Freundschaft ist der Einsamkeit entgegen zu wirken und parallel Platz für seelische Tiefen zu schaffen.

Freundschaft ist eine persönliche Beziehung zwischen Menschen, die weder Gesetze noch Regeln kennt und an keine bestimmte Rollenerwartung gebunden ist. Sie entsteht aus der Freiwillig – und Gegenseitigkeit, die auf unbestimmte Dauer eingegangen wird. Freundschaft beruht auf Zuneigung, Vertrauen und gegenseitiger Wertschätzung. Den Austausch intimer Gedanken und intensiver Gefühle.

Das hervorstechendste Merkmal dieser Beziehung unter den Menschen ist ein hochgradiges Maß an Vertrauen.

Im weiteren Verlauf zeichnet sich Freundschaft durch Verlässlichkeit und Treue aus.

Ein Freund sollte nicht nur ein unverbindlicher Begleiter im täglichen Leben sein. Im Falle einer persönlichen Krise muss er unbedingt seelisch- und moralischen Beistand leisten. Wird diese Hilfe versagt, kann man diesen Menschen als Freund vergessen.

In der Not ist die Freundschaft des Lebens Brot.

Um die Aufrechterhaltung der körperlichen und seelischen Gesundheit zu gewährleisten, muss ein gegenseitiger persönlicher Austausch unter Freunden praktiziert werden. Ein wichtiger Aspekt und die Voraussetzung einer tiefen Freundschaft ist es, bereit zu sein sich dem anderen gegenüber bedenkenlos zu öffnen. Seine Seele freizulegen, ohne Umschweife seine innersten, intimsten Probleme zu erzählen. Vertrauen ist ein wichtiger Bestandteil einer Freundschaft. Wer nicht vertrauen kann, hat das Problem sein Inneres Ich, aus Angst vor Verletzungen und Enttäuschungen, zu öffnen.

Es birgt natürlich das Risiko in sich, angreifbarer zu werden. Man kann sich nicht sicher sein, ob die Bekenntnisse, die dem Anderen anvertraut wurden, nicht zum eigenen Nachteil verwendet werden. Bedingt durch das gegenseitige Vertrauen, das unbedingt in eine harmonierende

Freundschaft eingebracht werden muss, wird diese Gefahr erheblich reduziert.

Wahre Freundschaft ist ein bedingungsloses Geben und Nehmen.

Durch die Kommunikation mit vertrauten Menschen werden eigene Probleme besser erkannt und, was noch wichtiger ist, besser verarbeitet. Oft ist es sehr hilfreich, sich die Meinung eines anderen Menschen anzuhören. Es eröffnet einen selbst die Möglichkeit, die Probleme aus einer anderen Sicht zu sehen. Ein Gespräch dieser Art regt die Sinne an und der Geist kann sich entfalten. Eine Unterhaltung auf dieser Ebene bewirkt oft Wunderbares. Man fühlt sich nicht mehr so allein und sieht die Welt aus einem anderen Blickwinkel. Das positive Denken wird angeregt und das leibliche Wohlbefinden verbessert sich.

Freundschaft schützt vor dem Alleinsein, bietet sozialen Rückhalt und hilft durch persönliche Krisen. Wird dieser Austausch vernachlässigt oder sogar ganz abgebrochen, werden diese Menschen anfälliger für psychische Krankheiten, Alkohol- und Medikamentenmissbrauch. Bei Menschen, die sich ihren Mitmenschen gegenüber nicht öffnen können, besteht, bedingt durch die fortschreitende Vereinsamung, akute Suizidgefahr.

Im schlimmsten Fall kann die Einsamkeit eines Menschen die bewusste Tötung anderer Menschen zur Folge haben, ausgerichtet auf das Ziel eine extrem erhöhte Aufmerksamkeit auf sich zu lenken. Die Zurückgezogenheit dieses Menschen ist soweit fortgeschritten, dass für ihn keine Hoffnung mehr auf soziale Bindung besteht. Sein letzter Hilferuf nach Anerkennung ist die Selbsttötung im Anschluss eines mörderischen Amoklaufs. Es ist das grauenvollste und letzte Mittel, um auf fehlende Freundschaft aufmerksam zu machen. Geschehnisse in jüngster Zeit verdeutlichen diese Entwicklung äußerst vereinsamter Menschen. Es ist die Aufgabe eines jeden Menschen, dieser negativen Entwicklung in unserer Gesellschaft entgegenzusteuern. Für den Einzelnen wirkt sich eine gut harmonierende Freundschaft positiv aus. Sie stärkt das Wohlbefinden und der Mensch ist weniger anfällig für Krankheiten und Abhängigkeiten. Freundschaft bietet durch intensive Gespräche, die Möglichkeit seine körperliche und seelische Lebensqualität zu stärken. Sie dient zur Lebensorientierung und der wahren Selbstfindung. Das Sein entwickelt sich hin zu einer anderen Dimension, gewinnt mehr an Bedeutung. Eine gegenseitige verständnisvolle Anregung fördert die Freundschaft immens.

Wie aber sieht es in der Wirklichkeit aus?

Wer von Ihnen hat sich jemals intensiv mit dem Gedanken beschäftigt, wie sich eine tiefe Freundschaft entwickeln und auf unbestimmte Dauer bestehen kann?

Wie ich Ihnen beschrieben habe, ist Freundschaft wichtig für die Entwicklung der eigenen Persönlichkeit, wichtig für ein intaktes soziales Umfeld.

Aber wer kümmert sich schon darum? Die meisten Menschen sind sich nur selbst am Nächsten. Für Ihre Mitmenschen zeigen sie kein großes Interesse. Aus Angst vor Verletzungen gehen sie keine größere Nähe ein. In den meisten Fällen bleibt es bei einer oberflächlichen Bekanntschaft.

Sind wir in einer Gesellschaft angekommen, wo Freundschaften mit anderen Menschen als nicht besonders erstrebenswert angesehen werden?

Sind unsere Empfindungen schon soweit abgestumpft, dass uns das Schicksal unserer Mitmenschen völlig egal ist? Wovor haben wir Angst?

Eine Ausnahme bildet die Familie. Es wird Nähe zugelassen, weil es unser eigenes Fleisch und Blut ist. Hier gilt es, größere Verantwortung für ein intaktes und harmonisches Familienleben zu tragen.

Aber auch hier besteht die Gefahr der Verein-samung einzelner Familienmitglieder innerhalb der

Familie, dann nämlich, wenn kein Interesse an ein harmonisierendes Familienleben besteht.

Der Nächste ist uns egal, was zählt, bin nur ich. Sind wir uns wirklich nur noch selbst am Nächsten?

Fangen wir an die christlichen Werte, wie Mitgefühl, Barmherzigkeit, Nächstenliebe, Hilfsbereitschaft, Einfühlungsvermögen wieder schätzen zu lernen und was noch viel wichtiger ist, sie auch anzuwenden.

Nur, wenn wir bereit sind, diese Werte auf unsere Mitmenschen anzuwenden, wird es möglich sein, eine humanere Welt zu erschaffen.

**Glücklich ist,
wer sein Glück mit anderen teilt.**

Betrachten wir einmal die Aufgliederung einer Freundschaft im Einzelnen.

Fangen wir mit dem Vertrauen an, der wichtigste Bestandteil einer wahren Freundschaft.

Jeder Mensch wird mit dem Urvertrauen geboren. Wir haben es alle in uns. Es ist ein Teil unseres kosmischen Seins.

Durch die ständigen Enttäuschungen im Laufe unseres Lebens und den daraus resultierenden Verletzungen geht uns leider ein großer Teil davon verloren. Es entsteht zunehmendes Misstrauen anderen, fremden Menschen gegenüber, dass die Entwicklung von Angst fördert, die den

Menschen mehr und mehr in Besitz nimmt. Es kann soweit führen, dass der Mensch nicht mehr in der Lage ist, sich seinen Mitmenschen mitzuteilen. Er zieht sich immer mehr in sich zurück und vereinsamt gänzlich.

Wie kann man dieser Entwicklung entgegenwirken?

Es gilt, verlorenes Vertrauen wiederzufinden. Der erste Schritt in diese Richtung ist, kontinuierlich Selbstvertrauen zu entwickeln.
Eine fördernde Kraft dafür ist der Glaube. Ich meine nicht unbedingt den Glauben an eine Religion. Die Religion kann nur als ein Hilfsmittel dienen. Inwieweit der Mensch sich diesem Hilfsmittel bedient, muss jeder mit sich selbst vereinbaren.
Wobei, eine Stärkung des Glaubens durch die Religion, nicht von der Hand zu weisen ist.
Was ich vorrangig meine, ist der Glauben an sich selbst. Bewusst an seine eigenen, fassbaren Fähigkeiten und Stärken zu glauben.

Wie kann ein Mensch Glauben entwickeln?

Glauben beruht auf der Erkenntnis, etwas für wahr zu halten. Der Mensch muss sich selbst erkennen, sich selbst wahrnehmen. Er sollte versuchen sich selbst einzuschätzen, seine Stärken und Schwächen zu bewerten. Ein geeignetes

Hilfsmittel dafür ist die ehrliche Selbstkritik. Sie schafft die Grundlage dafür, sich selber näher zu kommen. Sie räumt mit falschen Vorstellungen auf. Zeigt an, in welchen Situationen sich der Mensch im Leben etwas vormacht. Vorgibt etwas zu Sein, was er gar nicht ist.

Wahre Erkenntnis kommt von innen.

Wie oft versuchen Menschen in ihrem Leben den Eindruck zu erwecken, den Anforderungen des täglichen Lebens gewachsen zu sein? Und um wie viel größer ist die Frustration darüber, wenn sie feststellen, dass sie den Anforderungen doch nicht gewachsen waren? Diesen Menschen quält ständig der Gedanke, ein Versager zu sein. Sie sind voll von Selbstzweifeln, die im Endeffekt ihre Psyche gänzlich zerstören können.

Nur, wer mit diesen Selbsttäuschungen aufhört und der eigenen Wahrheit ins Auge blickt, sich seinen Fehlern und Schwächen stellt - sich sieht, wie er wirklich ist - wird die Fähigkeit entwickeln, an sich selbst zu glauben.

Nehmen Sie sich an, mit all Ihren Fehlern und Schwächen. Sie müssen niemanden etwas beweisen, außer sich selbst - dass Sie es schaffen, Ihre Persönlichkeit positiv zu entwickeln und somit Ihre kranke Seele wieder heilen kann.

Nur der Glaube an die eigenen Fähigkeiten und Stärken entwickelt das Selbstbewusstsein, stärkt das Selbstvertrauen, ohne das wir Menschen biegsam sind wie ein Grashalm im Wind.

Durch Freundschaft besteht die Möglichkeit, Selbstbewusstsein und das daraus hervorgehende Selbstvertrauen, zu entwickeln. Und was noch viel wichtiger ist, es zu festigen. Erst wenn der Mensch gelernt hat, sich selbst zu vertrauen, ist er in der Lage anderen Menschen zu vertrauen. Das Eine funktioniert ohne das Andere nicht. Es besteht eine Symbiose.

Sinn einer Freundschaft ist es, sich gegenseitig in seiner persönlichen Entwicklung zu helfen und zu fördern.

Ein weiteres bedeutendes Segment der Freundschaft ist die Liebe. Ich meine nicht die körperliche, sondern in erster Linie die geistige Liebe. Eine spätere Entstehung von körperlicher Liebe im Verlaufe einer Freundschaft ist nicht unbedingt auszuschließen. Ohne das Einbringen eines notwendigen Maßes an Liebe in eine Freundschaft bleibt diese arm an Gefühlen. Es fehlt an ausreichend Mitgefühl, Verständnis und Toleranz. Womit ich schon bei weiteren grundlegenden Charakteren der Freundschaft bin. Diese Eigenschaften machen eine wirkliche Freundschaft aus, lässt Menschen näher zueinanderkommen.
Nur durch die Liebe entwickeln sich Mitgefühl und Verständnis für die Probleme des Anderen. Die Liebe gibt jedem Menschen die Kraft, dem Freund in schmerzvollen Zeiten zur Seite zu

stehen und Trost zu spenden. Ein Verhalten, das unbedingt erforderlich in einer absoluten Freundschaft ist.

Durch Toleranz wird es einfacher, das Fehlverhalten des Freundes zu verstehen. Es fällt leichter, dem Vertrauten zu verzeihen.

In einer gleichwertigen Freundschaft sollte ein jeder den Anderen so akzeptieren, wie er ist.

Ausgenommen ist, die Verfehlungen richten sich permanent gegen einen selbst, was auf die Dauer nicht zu akzeptieren ist. Dann müssen klärende Gespräche geführt werden, die darauf hinauszielen, diesen Zustand zu beenden.

Völlig falsch ist es, alles Geschehen nur von der eigenen Warte, von seinen eigenen Empfindungen aus zu beurteilen. Die eigene Meinung, für unumstößlich zu halten. Das lässt wenig oder gar keinen Spielraum für den Anderen zu. Wenn ein Mensch in einer Freundschaft zu stark dominiert, unterdrückt er die Entfaltung des Anderen und die Freundschaft wird einseitig. In solch einem Fall kann nicht von einer ausgeglichenen Beziehung gesprochen werden. Das Ende dieser Freundschaft ist vorhersehbar.

Lassen Sie dem Freund genügend Freiraum sich zu entfalten.

Es ist natürlich in einer Freundschaft unerlässlich, seine eigenen Erfahrungen dem Freund mitzuteilen. Es sollte ihm aber freigestellt sein, diese Informationen für sich zu nutzen.

Sie können gerne gute Ratschläge geben, ob sie aber angenommen werden, muss jeder Mensch für sich selbst entscheiden.

Freundschaft ist eine freiwillige Verbindlichkeit, die keine Verpflichtungen hervorbringt.

In dieser Art von zwischenmenschlicher Beziehung hat keiner das Recht, Forderungen gegenüber den Anderen zu stellen.

Wir sehen es natürlich gerne, wenn der Freund zu seinem gegebenen Wort steht.

Er, die getroffene Verabredung einhält oder die versprochene Hilfe leistet.

Das bestätigt unseren Ego, gibt der eigenen Wichtigkeit unseres Seins die nötige Aufmerksamkeit, die für uns Menschen so lebensnotwendig ist.

Verbindlichkeit ist eine wichtige Eigenschaft einer wirklichen Freundschaft. Es stärkt das Vertrauen zueinander und darum müssen getroffene Vereinbarungen auch strikt eingehalten werden. Nicht eingehaltene Vereinbarungen sollten aber nicht der Anlass sein, die bestehende Freundschaft voreilig abzuwerten oder sogar aufzulösen. Besser wäre es, ein klärendes Gespräch mit dem Freund zu führen, ihm Ihren Standpunkt zu erläutern. In einer bedingungslosen Freundschaft muss es möglich sein den Freund zu kritisieren, ohne ihn dabei zu verletzen. Dafür ist ein Freund da, dass er auf Fehler aufmerksam macht und gemeinsam nach einer

Lösung gesucht wird. Sie sollten deshalb nicht gleich beleidigt sein, wenn der Freund Ihnen die Wahrheit sagt, auf Ihr „Aua" drückt.

Es ist bestimmt nicht immer einfach, die Wahrheit zu hören und Kritik zu zulassen. Es fällt schwer die eigenen Fehler einzusehen und noch schwerer fällt es, sie abzustellen. Aber nur so können Sie sich verändern, lernen Fehler in der Zukunft zu vermeiden.

Betrachten wir mal die Situation, wenn die Verabredung oder zugesagte Hilfe nicht eingehalten wird?

Wie verhält es sich, wenn der Freund nicht kommt, um beim Umzug oder Renovieren zu helfen, ja nicht mal anruft, um abzusagen.

Wie schnell wird der Freund dann „übers Knie gebrochen". Wird als unzuverlässig, charakterlos abgestempelt, ohne weiter nach den Gründen seines Fernbleibens zu fragen.

Was eine gute Freundschaft ausmacht, ist, dass hinterfragt wird, warum der Freund nicht gekommen ist. Wenn die Gründe für Sie vielleicht nicht ausreichend sind, um ein Fehlen zu entschuldigen, so haben Sie die Tatsache, dass er nicht gekommen ist, trotzdem zu tolerieren. Machen Sie nicht den Fehler, ihn mit Vorwürfen zu überschütten. Das erzeugt Angst und Misstrauen. Wenn Ihnen dieser Mensch etwas bedeutet, dann überdenken Sie nochmals Ihre Beziehung zu ihm. Fragen Sie sich, an was es in ihrer

Beziehung zueinander mangelt, wieso der Freund Sie vernachlässigt, Sie „hängen" lässt.

Ein eingehendes konstruktives Gespräch ist unablässig, um die Freundschaft effektiv weiter zu führen.

Ein negativer Aspekt in der Freundschaft, wie überhaupt im Leben, sind die Zweifel. Sie sind Verräter, lassen uns oft nicht das tun was wir gerne tun wollen, aus Angst vor dem Verlust. Schleichen sich Zweifel in eine Freundschaft ein, ist es höchste Zeit sich mit dem Freund intensiver auseinanderzusetzen. Bestehende Zweifel aus dem Weg zu räumen. Klarheit zwischen ihnen zu schaffen.

Haben Sie keine Hemmungen, Missverstandenes anzusprechen. Sprechen Sie über Ihre verletzten Gefühle. Geben Sie Ihrem Freund unmissverständlich zu verstehen, wie Sie sich fühlen. Verstecken Sie nicht Ihre Verletzungen, reden Sie mit ihm.

Wenn er ein wahrer Freund ist, wird er versuchen Sie zu verstehen und sich für sein Fehlverhalten entschuldigen. Nur durch diese Art und Weise wird sich ihre Freundschaft festigen und auf die Dauer Bestand haben.

Männer sollten sich mit dem vorangegangenen Punkt besonders intensiv auseinandersetzen. Viele Männer haben das Problem sich anderen Männern gegenüber zu öffnen. Es fällt ihnen schwer, über persönliche Probleme zu reden, ihre Gefühle zu zeigen. Zu leicht könnte man(n) ja als homosexuell abgestempelt werden. Richtige Männer müssen hart und standhaft sein, nur nicht Empfindungen zeigen, eben ganze Kerle sein. Männer bevorzugen es über Fußball, die Arbeit oder den Ärschen von Frauen zu reden. Sie sind so erzogen worden und daran lässt sich nichts ändern. Irrtum!

Alles lässt sich verändern, wenn Sie es wirklich verändern wollen.

Ein weiteres bedeutsames Segment der Freundschaft ist die Pflege dieser zwischenmenschlichen Beziehung.

Regelmäßige Kontakte mit dem Freund, zur Nachfrage seines Wohlbefindens und den Austausch von Neuigkeiten, sind unbedingt erforderlich.

In einer Freundschaft ist es wichtig, sich auszutauschen und mitzuteilen.

Oft genügt schon ein kurzes Telefongespräch oder eine SMS, um dem Freund zu zeigen, dass man ihn nicht vergessen hat. Aufmerksamkeit ist das Nonplusultra in einer Freundschaft.

Wird dieser Punkt vernachlässigt oder gar nicht beachtet, kann nicht von einer tiefen Freundschaft gesprochen werden.

Es ist wie mit einer Blume. Hegt und pflegt man sie nicht, verwahrlost sie und geht unweigerlich ein.

Genau so verhält es sich mit der Freundschaft. Wird ihr nicht genügend Aufmerksamkeit geschenkt, geht diese Beziehung in absehbarer Zeit in die Brüche. Freundschaft ist nicht nur eine zwischenmenschliche Beziehung. Freundschaften zu schließen sollte für jeden Menschen eine Lebensgesinnung sein.

Die Freundschaft zu pflegen ist ein wichtiger Bestandteil der Beziehung.

Jetzt möchte ich auf die „falschen Freunde" zu sprechen kommen.

Falsche Freunde zeichnen sich dadurch aus, dass sie die Freundschaft zu Ihnen beteuern, aber in der Not nicht für Sie da sind. Sie reden viel, lassen aber keine Taten folgen. Falsche Freunde sind nicht treu, unzuverlässig und halten es nicht für nötig Verbindlichkeiten einzuhalten. Sie nutzen die Beziehung aus, indem sie Ihr Mitgefühl in Anspruch nehmen, wenn sie in Schwierigkeiten stecken. Umgekehrt leisten sie keine Hilfe, wenn Sie in einer Notlage sind.

Diese „guten" Freunde versuchen Einfluss zu nehmen auf Ihren Freundeskreis. Sie versuchen Ihnen einzureden, wer zu Ihnen passt und von wem Sie sich besser fernhalten sollten. Sie nutzen Ihre Labilität aus, um Sie, für ihre eigenen Interessen zu gebrauchen.

Diese Menschen sind nur auf ihren persönlichen Vorteil bedacht. Sie wollen ihren eigenen Egoismus bestätigt wissen. Im schlimmsten Fall plaudern sie die ihnen anvertrauten Bekenntnisse aus, was ein eindeutiger Vertrauensbruch ist und das Ende einer jeden Freundschaft bedeutet.

Vor diesen Freunden sollten Sie sich hüten und gegebenenfalls Abstand von ihnen nehmen.

Überprüfen Sie immer wieder selbstkritisch Ihre freundschaftliche Beziehung zu anderen Menschen.

Geben Sie sich keinen falschen Illusionen hin, aus Angst vor dem Alleinsein. Geben Sie vermeintliche Freunde auf. Nur wenn Sie Altes loslassen, wird Neues nachfolgen.

Lieber wenige wirkliche Freunde, als viele „falsche Freunde". Es erspart Ihnen viel Kummer und Leid.

Suchen sich Freunde aus, nach den von mir empfohlenen Grundsätzen.

Wenn Sie diese Richtlinien sorgfältig beachten, werden Sie wahre Freundschaften finden.

2. Teil

Kurzgeschichten über Freundschaften

Seit Urzeiten bin ich auf der Suche,
nach Menschen, die mich kennen.
Viele haben von mir gehört,
nur wenige wissen mich zu schätzen.
Ich bin ein Teil von Euch,
aber Ihr verspottet mich.
Ihr tretet mich mit Füßen –
beachtet mich nicht.
Das macht mich traurig.
Ohne mich seid Ihr arm an Freude,
voll des Neids und Zorns.
Habgier beherrscht Euer Sein.
Durch mich erfahrt Ihr Vertrautheit und Nähe.
Wer mich nicht kennt, ist allein.
Mein Name ist Freundschaft.

Der eingebildete Freund
- Eine Hommage -

Peter und Björn lernten sich in jener Zeit kennen, in der sich unser Land in einem politischen Umbruch befand.

Peter war drei Jahre älter als Björn und spielte Schlagzeug in einer Theaterband, die sich politische Agitation auf die Fahne geschrieben hatte.

Das Schicksal wollte es, dass sie sich bei einem Auftritt des Theaters in einem Kreuzberger Jugendhaus kennenlernten.

Anfänglich war es nur eine flüchtige Begegnung, die sich in späteren Jahren zu einer Freundschaft entwickeln sollte.

Beide verband das gemeinsame Interesse an Rockmusik, der Kampf gegen das bestehende Establishment und das Finden einer alternativen Lebensform.

Angeregt durch das Theater, gründete Björn mit seinen Kumpels aus dem Jugendhaus eine eigene Theatergruppe.

Die Theatergruppe hatte sich das Ziel gesetzt, Lehrlinge und Jungarbeiter durch ihr Spiel auf ihre prekäre Situation aufmerksam zu machen.

In den folgenden Jahren trafen sich Björn und Peter immer wieder bei gemeinsamen Auftritten vor Jugendlichen.

Peter hatte zwischenzeitlich das Schlagzeugspielen aufgegeben, um sich als herausragen -

der Sologitarrist zu profilieren und eine eigene Band gegründet.

In all den Jahren hatte sich zwischen beiden, nennen wir es mal, eine tiefer gehende Bekanntschaft entwickelt. Von einer wirklichen Freundschaft konnte noch längst nicht die Rede sein.

Das änderte sich auch nicht wesentlich, als Björn in die Wohngemeinschaft von Peter einzog. Sie organisierten zwar gemeinsam ihren täglichen Tagesablauf, kamen sich aber nicht wirklich näher.

Was zum Einen daran lag, dass sich Peter innerhalb der Wohnkommune begrenzt hielt. Sein Zimmer war, bis auf wenige Ausnahmen, Tabu für Jedermann. Peter beteiligte sich nicht an gemeinschaftlichen Arbeiten wie Abwaschen, Einkaufen oder Aufräumen. Er hatte den Status einer „Diva", was ihn in gewisser Weise unantastbar machte. Es war schwierig Peter wirklich näher zu kommen, weil er sich sehr „zugeknöpft" gab. Das Leben mit ihm war mehr ein Nebeneinander als ein Miteinander.

Einen Weg gab es aber dennoch für Björn, Peter etwas näher zu kommen. Sie hatten das gemeinsame Interesse am französischen Billardspiel, auch Karambolage genannt.

Es verging keine Woche, in der sie nicht wenigstens einmal gegeneinander spielten. Beliebter Treffpunkt war damals die Billardakademie von Peter M., dem seinerzeit amtierenden Europameister im Dreiband. Die gemeinsame Leidenschaft für dieses königliche Spiel war der eigentliche Grundstein für ihre Jahre später folgende intensive Freundschaft.

Eklatante Missstände in der Wohngemeinschaft, deren Beschreibung an dieser Stelle zu weit führen würde, ergaben, dass sich die Wege von Peter und Björn für lange Zeit trennten.

Genug von der hektischen Großstadt Berlin zog Peter mit seiner Band nach Schleswig-Holstein, wo sie sich einen verrotteten Bauernhof gekauft hatten.

Björn blieb in Berlin und stieg in eine bekannte Szenekneipe ein. Die Jahre darauf heiratete er und gründete eine Familie.

Über sehr viele Jahre hatten Peter und Björn keinen Kontakt zueinander.

Das Schicksal bestimmte aber, dass sich beide wieder treffen sollten.

Björn war zwischenzeitlich von seiner Frau geschieden worden. Er hatte jetzt wieder mehr Zeit für sich und versuchte, alte Bekanntschaften aufleben zu lassen.

Eine Gelegenheit dafür bot sich für ihn auf einer Autorenlesung in Berlin.

Rolf, der ehemalige Sänger von Peters Band hatte eine Solokarriere als Sänger begonnen und eine Autobiografie veröffentlicht. Er befand sich auf einer Werbetour für dieses Buch. Mit Rolf verband Björn eine lange Bekanntschaft und er nahm die Gelegenheit war, ihn dort wiederzusehen.

Rolf war hocherfreut auf ein bekanntes Gesicht zu treffen und plauderte mit Björn über vergangene Zeiten. Rolf wohnte ebenfalls auf dem Bauernhof. Im Verlauf der Unterhaltung kamen sie auch auf Peter zu sprechen. Rolf regte Björn dazu an, Peter doch mal in Friesland zu besuchen, er würde sich bestimmt darüber freuen. Björns Interesse war geweckt, da er zuvor noch nie Peter und Rolf auf ihren Gehöft besucht hatte. Nach der Lesung verabschiedete sich Björn herzlich von Rolf und versprach in nächster Zeit mal auf ihren Anwesen vorbeizuschauen.

Einige Wochen später fuhr Björn mit seinem Transporter hinauf in den hohen Norden. Er meldete sich nicht vorher an, um Peter zu überraschen, den er seit fast 20 Jahren nicht mehr gesehen hatte.

Der Bauernhof lag in der Nähe von Stadum und ein kleines, kaum sichtbares Schild an der Landstraße, wies den Weg nach Biesenhagen.

Eine etwa zwei Kilometer lange, einspurige befestigte Straße führte, vorbei an grünen Feldern und saftigen Wiesen, zum Anwesen von Peter und Rolf.

Die Zufahrt zum Haus war links und rechts von alten Mooreichen eingesäumt.

Björn parkte seinen Laster und begab sich zum Eingang des Hauses, was mit viel Geld über die Jahre in einen bewohnbaren Zustand gebracht worden war.

Peter wohnte in einem Anbau, der sich hinter dem eigentlichen Haupthaus befand.

Björn klopfte aufgeregt an die Eingangstür, denn er wusste nicht wie Peter auf seinen unerwarteten Besuch reagieren würde.

Die Tür öffnete sich und vor ihm stand ein etwas verblüffter Peter.

„Hallo Björn, das ist aber eine Überraschung. Was machst du denn hier?", sagte Peter.

„Na, ich dachte ich komm mal vorbei, um zu sehen wie es dir geht", antwortete Björn.

Beide gingen aufeinander zu, umarmten und begrüßten sich auf das Herzlichste.

Peter hatte sich nicht viel verändert. Er war, im Gegensatz zu seinem Haar, das unter seinem Strohhut in spärlichen Strähnen hervorguckte, etwas fülliger geworden.

Björn spürte sofort die Herzlichkeit, die ihm Peter entgegenbrachte. Im Gegensatz zu früher war er jetzt viel offener geworden, was Björn angenehm überraschte.

Peter führte Björn durch sein Haus, in dem er zusammen mit seiner Lebensgefährtin Gutte und ihrer gemeinsamen Tochter Jasir lebte.

In einem hinteren Raum hatte sich Peter ein Tonstudio eingerichtet. Dort widmete er sich ganz seiner Musik und verhalf unbekannten Musikern zu ihren ersten Demobändern.

Das Haus hatte eine behagliche Atmosphäre und Björn fühlte sich sofort wohl bei Peter und seiner kleinen Familie.

Peter zeigte Björn anschließend das Haupthaus. Der Boden war in allen Zimmern mit portugiesischem Marmor gefliest, was dem Haus ein extravagantes Flair gab. Der größte Raum diente als Gemeinschaftsraum, in dem ein alter Flügel und ein Billardtisch standen.

Die gemeinsame Leidenschaft von Peter und Björn fürs Billardspiel wurde sofort geweckt.

Und so verbrachten sie ihre erste Nacht nach 20 Jahren Trennung, wieder am Billardtisch, um sich enthusiastisch einen „auszustoßen". Peter stopfte mehrmals seine klobige Pfeife mit einem guten Gemisch aus Tabak und Shit, die er anschließend mit Björn zusammen rauchte. Dazu wurden ein paar Flaschen guter Rotwein geleert.

In den frühen Morgenstunden, es begann bereits zu dämmern, verließen sie mit schweren Schritten und zugerauchten Köpfen, die Stätte ihres Wiedersehens.

Peter wies Björn ein Zimmer zu, in dem er seinen Rausch ausschlafen konnte.

Björn fuhr nun in den folgenden Jahren in regelmäßigen Abständen nach Biesenhagen, um Peter nah zu sein. Für Björn entwickelte sich eine tief gehende Freundschaft zu Peter. Wenn er nicht in Biesenhagen war, telefonierte er mit Peter, um das Gefühl der Verbundenheit auch fernab zu spüren. Björn merkte, dass er eine platonische Liebe zu Peter empfand. Er liebte Peters Herzlichkeit, seine Großzügigkeit, seine Toleranz, seinen Witz, seinen Charme. Er liebte die intensiven Gespräche und das Lachen mit ihm. Neben Peter konnte er sich fallen lassen, fühlte er sich frei.

Es war das erstmal in seinem Leben, dass er glaubte, einen wirklichen Freund gefunden zu haben.

Für Peter wäre Björn durchs Feuer gegangen.

Peter verließ nicht oft seinen Hof. In all den Jahren ergab sich zweimal die Gelegenheit, dass Peter nach Berlin kam. Umso mehr freute sich Björn auf den Besuch von Peter. Jetzt war endlich die Gelegenheit gekommen, Peter in seiner Wohnung empfangen zu können, ihm zu zeigen, wie er wohnte und lebte.

Peter nahm sich aber nicht die Zeit, Björn zu besuchen, was eine herbe Enttäuschung für ihn war.

Für Björn war es der traurige Anlass über die Beziehung mit Peter eingehender nachzudenken. Für ihn wäre ein Besuch von seinem vermeintlichen Freund mehr als eine Selbstverständlichkeit gewesen.

Björn hatte nie mit Peter über den ausgebliebenen Besuch gesprochen, was er im Nachhinein als einen irreversiblen Fehler empfand.

Durch diese von Peter verursachte Vernachlässigung, bekam die Beziehung einen Riss und die Besuche von Björn in Biesenhagen wurden seltener, bis er sie schließlich ganz einstellte.

Nicht vorhersehbare Umstände, veranlassten Björn aus Deutschland wegzuziehen. Er hielt, durch das Schreiben von E-Mails, einen losen Kontakt zu Peter aufrecht, immer in der Hoffnung eine Antwort zu bekommen. Er konnte diese, für ihn einmalige Beziehung, einfach nicht vergessen.

Aber auch hier versagt Peter auf der ganzen Linie. Er schrieb Björn nicht eine einzige Antwort.

Rückblickend fragte sich Björn, warum ihn Peter nicht genügend Wert geschätzt hatte?

Zwischen ihnen ist nie ein böses Wort gefallen, gab es keine Missverständnisse und doch ist die Beziehung von Peters Seite aus nicht ausreichend gepflegt, eher vernachlässigt worden.

War es eine Einbahnstraßenfreundschaft gewesen? Hatte sich Björn diese Beziehung nur schön gemalt? Warum hatte Peter Björn nicht als wahrhaften Freund wahrgenommen? War Björn für ihn nur eine oberflächliche Bekanntschaft gewesen, wie so viele die er hatte?

Fragen über Fragen, die ihm nur Peter beantworten konnte.

Bemerkung des Autors

Anhand dieser Geschichte, liebe Leser, können Sie nachvollziehen, dass das Bestehen einer wahren Freundschaft auf Gegenseitigkeit beruhen muss. Ein fortwährender Austausch auf allen Ebenen ist unbedingt erforderlich. Bringt der Eine mehr in die Beziehung ein als der Andere, herrscht ein Ungleichgewicht, was zur

Disharmonie führt. Achten Sie deshalb stets darauf eine ausgewogene Freundschaft zu führen.

Freundschaft ist ein stetiges Geben und Nehmen.

Freundschaft auf Zeit

Max war im Besitz eines Kleintransporters, mit dem er für eine Spedition Stückgut auslieferte. Er hatte sich vor wenigen Monaten als Subunternehmer für diesen Job beworben und aufgrund einer ausdrucksstarken Bewerbung auch bekommen.

Täglich musste er nun gegen sechs Uhr in der Früh an der Rampe erscheinen und seinen Transporter mit Paketen beladen.

Dort lernte Max den zehn Jahre jüngeren Joshua kennen, den er auf Anhieb sympathisch fand. Joshua arbeitete wie Max ebenfalls als Subunternehmer für diese Spedition.

Mit der Weile lernten sie sich näher kennen und kamen, wenn die Zeit es zwischen der Arbeit zuließ, immer öfter ins Gespräch.

Joshua erzählte Max, dass er in Trennung von seiner Freundin lebte.

Max befand sich exakt in der gleichen Situation. Auch er lebte in Scheidung von seiner Frau. Ein Zustand, der sie sogleich schicksalhaft verband. Beeinflussend kam hinzu, dass sie beide unter demselben Sternzeichen geboren waren. Max hatte Ende August und Joshua Anfang September Geburtstag. Durch diese Gemeinsamkeit stellten sie sehr schnell ihre ähnlichen Charakteren und Interessen fest.

Sie verabredeten sich jetzt öfter am Wochenende, um gemeinsam in die Disco oder Kneipe zu gehen. Da sie nun wieder Singles waren, befanden sie sich wieder auf der Suche nach einer neuen Beziehung. Max suchte eher das erotische Abenteuer, während Joshua mehr auf eine feste Beziehung aus war.

Es dauerte auch gar nicht allzu lange, da hatte Joshua ein nettes Mädel „aufgerissen".

Sabine war 24 Jahre alt, hatte blondes halblanges Haar, war schlank und recht attraktiv. Ihre einzige Schwäche war, dass sie zu viel quasselte.

Sabine hatte ein Pferd und fuhr fast immer an den Wochenenden zu den Turnieren, um daran teilzunehmen.

Anfänglich zogen Max, Joshua und Sabine zusammen „um die Häuser". Aber mit der Zeit fingen Joshua und Sabine an, ihre Freizeit ohne Max zu gestalten.

Joshua fuhr jetzt öfter mit Sabine auf ihre Turniere und hatte für Max immer weniger Zeit.

Für Max war das nicht weiter tragisch, er kam auch ganz gut ohne Joshua zurecht. Er war schon immer ein Einzelgänger gewesen, somit war diese Situation nicht neu für ihn. Dessen ungeachtet liebte er natürlich die Gesellschaft von Joshua. Mit ihm hatte er jede Menge Spaß und konnte über vieles Lachen.

Joshua und Max sahen sich weiterhin auf der Arbeit beim Paketstapeln, wo sie sich verbal austauschten.

Die Frauen und die Schwäche für sie war meistens ihr Lieblingsthema, über das sie sich ohne Ende unterhalten konnten.

Für Joshua hatte sich die Angelegenheit mit Sabine relativ schnell wieder erledigt, denn er hatte eine neue Flamme am „Kocher".

Sein neues Interesse galt Roswitha, eine Paketfahrerin, die mit ihnen zusammenarbeitete.

Roswitha war 25 Jahre, ca. 1,60 m groß und hatte halblange blondierte Haare. Sie kam jeden Morgen total geschminkt zur Arbeit. Alle Männer drehten sich begeistert nach ihr um, was sie sichtlich in vollen Zügen genoss. Sie hatte eine unerträgliche zickige Art und kam sich dabei ganz toll vor.

Max fand Roswitha weniger aufregend. Das lag daran, dass er ihr aufgesetztes Verhalten schnell durchschaut hatte und ihre patzige Art überhaupt nicht aushalten konnte.

Joshua hingegen war voll auf begeistert von ihr. Er war hin und weg, sah alles nur noch durch die „rosa Brille". Er war ein Gefangener der Liebe.

Hinweise von Max an Joshua in Bezug auf Roswithas Verhalten halfen auch nichts.

Es dauerte auch nicht mehr lange und die Beiden waren ein Liebespaar.

Wieder stand Max wegen einer Frau im Hintergrund.

Das Jahr näherte sich dem Ende. Max hatte sich vorgenommen, zwischen Weihnachten und Neujahr einen Kurzurlaub zu machen. Sein Ziel

war San Francisco, wo ein alter Bekannter von ihm wohnte. Max hatte zu solchen weiten Reisen immer gerne einen Begleiter. Er fragte deshalb Joshua, ob er nicht Lust hätte mitzukommen.
Joshuas Bedenken, zwei Wochen wären viel zu kurz für so eine weite Reise, zerstreute Max mit dem Argument, dass zwei Wochen Amerika besser als gar nichts wären. Nach anfänglichem Zögern willigte Joshua dann doch ein.
Am 23. 12. ging die Reise los und endete, mit einem Zwischenstopp in Amsterdam, am 24. 12. in San Francisco, Kalifornien.
Maxs alter Bekannter Dietmar holte sie vom Flughafen ab, um sie anschließend in einem Motel nahe des Zentrum von San Francisco einzuquartieren.
Die nächsten Tage waren Max und Joshua damit beschäftigt, San Francisco zu erkunden. Sie kamen sich menschlich näher, ohne sich jedoch zu nahe zu kommen. Es entstand eine wunderbare, verständnisvolle Kameradschaft. Die gemeinsamen Tage und die damit verbundenen Erlebnisse ließen ihre freundschaftliche Beziehung noch intensiver, gefühlsbetonter werden.
Ein Erlebnis sollte sie ganz besonders verbinden. In den Abendstunden gingen sie oft in einen Pub, um Poolbillard zu spielen. So auch an jenem Abend, an dem sie ihren Mietwagen auf einen Parkplatz eines naheliegenden Supermarktes abstellten.

Der Pub lag auf der gegenüberliegenden Seite und war proppenvoll. Es ging hoch her in dem Etablissement und ein Bier nach dem anderen machte die Runde.

Der Billardtisch war umlagert. Nur der Sieger einer Partie blieb am Tisch und konnte gegen den nächsten wartenden Gegner spielen. Wenn man gut war, konnte man den ganzen Abend umsonst spielen, denn der Herausforderer musste immer das nächste Spiel bezahlen.

Bei dieser Gelegenheit lernten Max und Joshua die beiden Amerikaner Phil und Steve kennen. Zwei junge Männer im Alter von 20 Jahren, die in Frisco wohnten, was sich im weiteren Verlauf des Abends noch als wahrer Glücksfall herausstellen sollte.

Gegen ein Uhr musste der Pub wegen der herannahenden Polizeistunde schließen.

Max und Joshua gingen zum Parkplatz, wo sie das Mietauto abgestellt hatten. Mit Schrecken stellten sie fest, dass es nicht mehr an seinem Platz stand. Vorerst vermuteten sie, dass es gestohlen worden sei.

Eiligst gingen sie zurück zum Pub, wo sie noch Phil und Steve antrafen.

Sie erklärten den beiden die Situation und das sie nicht wüssten, wie sie ins Motel kommen sollten.

Steve machte den Vorschlag die Polizei anzurufen und den Diebstahl zu melden.

Joshua und Max hielten es für das Beste und so telefonierte Steve mit der Polizei.

Es stellte sich anschließend heraus, dass der Wagen nicht gestohlen sondern abgeschleppt worden ist.

Es war nämlich nicht erlaubt auf dem Parkplatz den Wagen abzustellen, ohne im Supermarkt einzukaufen.

Na toll, dachten Max und Joshua, nahmen die Sache an sich aber ziemlich gelassen, zumal Steve und Phil sie mit ihrer Corvette zurück ins Motel fuhren. Beim Verabschieden, erklärten sich die beiden Amerikaner bereit Max und Joshua zu helfen den Wagen wiederzubekommen.

Sie verabredeten sich am nächsten Morgen gegen zehn Uhr, um sie zu der polizeilichen Abstellhalle zu fahren. Pünktlich um zehn warteten Steve und Phil vor dem Motel. Die anschließende Fahrt ging quer durch Frisco, bis sie schließlich nach einigen Suchen die Lagerhalle versteckt in einem Industriegebiet fanden.

Max und Joshua dankten Gott, das er ihnen die zwei Amis geschickt hatte. Ohne die beiden hätten sie die Halle nie gefunden.

Nachdem Joshua 150,- $ Strafe bezahlt hatte, bekamen sie den Wagen ausgehändigt.

Sie verabschiedeten sich von Phil und Steve auf das Herzlichste und versprachen den beiden in Zukunft besser aufzupassen, wo sie ihren Wagen parkten.

Nachdem sie Max und Joshua noch ein Stück mit ihrer Corvette durch Frisco begleitet hatten, verschwanden sie im Gewühl des Verkehrs. Sie haben die beiden nie wieder gesehen.

Für Max und Joshua hatte diese Begegnung etwas äußerst Ungewöhnliches. Sie empfanden das Treffen mit Phil und Steve als eine göttliche Zuweisung. Beide waren sich einig, dass ihnen Gott zwei Schutzengel geschickt hatte.

Wie alle Reisen die gemacht werden, hatte auch diese ihr Ende. Sie erreichte ihren absoluten Höhepunkt durch ein Ereignis womit beide nicht gerechnet hatten. Beim Umsteigen in Chicago mussten sie außerordentlich lange warten, bis ihnen ihr Platz im Flugzeug zugewiesen wurde. Umso größer war die Überraschung, als die Stewardess ihnen Plätze in der ersten Klasse zuwies, weil die Ökonomieklasse voll war. Es war der krönende Abschluss einer sehr intensiven und erlebnisreichen Reise. Eine Reise, die Max und Joshua zu jener Zeit sehr verband.

Zurück in Berlin, hatte sie der Arbeitsalltag schnell wieder eingeholt. Die nächsten Wochen sollten ihre Beziehung drastisch verändern.

Roswitha hatte ihre Wohnung aufgegeben und wohnte jetzt bei Joshua. Die Beziehung zwischen Beiden wurde immer enger. Es dauerte auch nicht mehr lange, bis sie bekannt gaben, dass sie heiraten würden.

Für Max kam diese Heirat etwas überraschend. Er hatte nicht damit gerechnet, dass Joshua nach so kurzer Zeit, sie kannten sich gerademal drei Monate, eine feste Bindung mit Roswitha eingehen würde.

Max spürte, dass Joshua immer mehr unter dem Einfluss von Roswitha stand. Die gegenseitigen Besuche wurden weniger, bis sie schließlich ganz aufhörten.

Roswitha hatte es geschafft, sich zwischen Max und Joshua zu stellen. Sie wollte Joshua ganz für sich alleine haben und gleichzeitig Max loswerden.

Joshua bemerkte nicht, dass sich die Beziehung zu Max veränderte hatte. Er schwebte auf rosa Wolken.

Ein offensichtlicher Bruch in dieser Beziehung verdeutlichte sich dadurch, dass Joshua seinen Freund Max nicht zu seiner Hochzeit einlud. Noch verletzender war die Tatsache, wie Max später erfuhr, dass Joshua ihn als Trauzeugen vorgeschlagen hatte. Roswitha aber hatte es geschafft, Joshua diesen Vorschlag auszureden.

Für Max hatte die Freundschaft zu Joshua jetzt einen bitteren Beigeschmack bekommen. Die Freundschaft, die einst so wunderbar begonnen hatte, näherte sich jäh dem raschen Ende.

Max musste aus gesundheitlichen Gründen das Ausliefern von Paketen aufgeben. Mit Joshua hatte er nur noch sporadischen Kontakt, bis er schließlich gänzlich aufhörte.

Bemerkung des Autors

Anhand dieser Geschichte können Sie sehen, liebe Leser, wie eine Freundschaft durch den Einfluss einer anderen Person zu einem unvorhersehbaren Ende führen kann.

Sie sollten stets darauf bedacht sein, Einflüsse, die von anderen Menschen auf Sie ausgeübt werden, sorgfältig zu überprüfen.

Der Norweger

Frank und Hans kannten sich schon von Kindesbeinen an. Frank wirkte mit seinen feinen, gelockten blonden Haaren eher zerbrechlich, während Hans mit seinem braunen kurz geschnittenen Haar mehr von robuster Statur war. Sie wohnten beide im gleichen Haus der Viktoriasiedlung und spielten immer zusammen auf demselben Spielplatz.

Frank wohnte mit seiner Mutter in der 1. Etage. Er hatte keine Geschwister und der Vater war bei einem Autounfall ums Leben gekommen. Ab und zu kam seine Oma zu Besuch und brachte ihm Süßigkeiten mit, die er später mit Hans auf dem Spielplatz teilte. Hans wohnte mit seinen Eltern und seiner zwei Jahre jüngeren Schwester in der 3. Etage. Hans musste oft seine Schwester mit auf den Spielplatz nehmen, weil kein Platz im Kindergarten frei war.

Wenn er aber mal ohne sie spielen gehen konnte, streifte er mit Frank durch die Siedlung, um irgendwelche Abenteuer zu bestehen, die sie sich in ihrer kindlichen Fantasie ausgedacht hatten.

Meistens verfolgten sie andere Jungs, die in ihren Augen „Rothäute" waren und aus der Siedlung vertrieben werden mussten.

Bei Auseinandersetzungen mit den „Rothäuten", war Hans stets darauf bedacht, Frank zu beschützen.

Frank war der Schwächere von beiden, infolgedessen war der Beschützerinstinkt bei Hans stärker ausgeprägt. Wo immer andere Jungs Frank an die Wäsche wollten, war Hans da, um seinen Freund gegen die Angreifer zu verteidigen.

Zwischen Frank und Hans entwickelte sich über die Jahre hinweg eine tiefe Freundschaft, die auf der Grundlage von absolutem Vertrauen beruhte.

Sie erzählten sich alle ihre kleinen und großen Sorgen, hatten keine Geheimnisse voreinander.

Sie schworen sich ewige Freundschaft und als Beweis dafür wollten sie Blutsbrüderschaft schließen, wie die Indianer es taten.

Hans brachte dafür eines Tages ein scharfes Küchenmesser mit zum Spielplatz.

Um ungestört diesen Freundschaftspakt zu schließen, gingen sie in den Keller ihres Hauses und setzten sich auf eine Kiste, die dort herrenlos herumstand.

Frank hatte einige Bedenken wegen der Schmerzen und des Blutes was dann fließen würde.

Hans sprach aber beruhigend auf ihn ein, dass es gar nicht wehtun würde und man Schmerzen für eine Freundschaft aushalten müsste.

Sie überlegten, wo sie sich am Besten die Haut einritzen sollten.

Hans schlug vor, dass sie sich in den Unterarm ritzen sollten, wie er es schon oft in Indianerfilmen gesehen hatte.

Frank war von dem Vorschlag gar nicht begeistert und hielt es für besser sich in den kleinen Finger zu schneiden. Das hielt aber Hans für nicht ausreichend. Sie einigten sich schließlich darauf, sich in den Handballen zu ritzen.

Hans zögerte nicht lange und schnitt sich als Erster in die Hand, um anschließend bei Frank das Gleiche zu tun. Sie pressten ihre Handflächen gegeneinander, schworen sich dabei ewige Freundschaft und immer dem anderen zu helfen, wenn er in Not war.

Der Schwur sollte ihr ganzes Leben von Bestand sein.

Gemeinsam kamen sie durch die Schulzeit. Als es an der Zeit war sich für einen Beruf zu entscheiden veränderte sich ihr bis dahin untrennbarer Lebensweg ein wenig. Sie sahen sich nicht mehr ganz so häufig. Durch ihre Ausbildung wurden berufliche Interessen geweckt und bedingt durch die Pubertät fingen sie an, sich nach Mädchen umzuschauen.

Aber an den freien Wochenenden hockten sie wie eh und je zusammen, um sich über ihre Erlebnisse der vergangenen Woche auszutauschen.

Zu einer unvorhergesehenen Trennung ihre Lebenswege kam es, als Frank beschloss, aus beruflichen Gründen umzuziehen. Er hatte seine kaufmännische Ausbildung abgeschlossen und seine Firma bot ihm eine gut bezahlte Stellung in Norwegen an. Entscheidend kam noch dazu, dass er eine junge Frau kennengelernt hatte, die aus Norwegen kam und in Deutschland ein Praktikum absolvierte. Mit ihr wollte er sich im Hohen Norden eine Zukunft aufbauen.

Hans war bis zur Abreise von Frank sehr geknickt und glaubte nicht zu wissen, wie er ohne seinen Freund Frank zurechtkommen sollte.

Frank tröstete ihn mit den Worten, dass er jede Woche einmal anrufen und mindestens zweimal im Jahr nach Deutschland kommen würde. Und wenn Hans auch zweimal im Jahr nach Norwegen käme, dann wäre es schon viermal im Jahr, dass sie sich treffen würden.

Hans war nicht so begeistert von den Aussicht Frank nur viermal im Jahr zu sehen, aber es ließ sich nicht ändern. Es war Franks Leben und er musste die Entscheidung akzeptieren, so sehr es auch schmerzte, den geliebten Freund nicht mehr um sich zu haben.

In den folgenden Jahren trafen sie sich regelmäßig. Hans fuhr oft im Sommer nach Norwegen, um einen ausgiebigen Angelurlaub mit Frank zu verleben.

Umgekehrt kam Frank meistens zu festlichen Anlässen nach Deutschland. Zwischendurch hatten sie telefonischen Kontakt, wenn auch nicht jede Woche, aber doch in regelmäßigen Abständen.

Ihre Freundschaft blieb trotz der großen Entfernung ungebrochen und hielt bis zum heutigen Tage an.

Bemerkung des Autors

Anhand dieser Geschichte können Sie sehen, liebe Leser, wie eine Freundschaft über Jahre hinaus und trotz großer Entfernung Bestand haben kann.

Es liegt an einem Selbst, die Beziehung aufrecht zu erhalten. Es sollte immer das Bestreben sein, vorhandene Freundschaften mit neuen Impulsen zu beleben.

Freundschaft braucht permanente Bestätigung, um dauerhaft bestehen zu können.

Die Friseuse

Annas Ehe mit einem Franzosen wurde nach sieben Jahren geschieden. Ihr Mann zog aus der gemeinsamen Wohnung aus. Sie lebte jetzt alleine. Ihre Ehe hatte keine Kinder hervorgebracht.

Anna schmerzte diese Trennung sehr. Sie hatte sich ihr Leben mit 35 Jahren anders vorgestellt. Vorgestellt hatte sich einen Mann an ihrer Seite, mit dem sie Kinder groß zieht und alt werden würde.

Sie litt unter Depressionen und versuchte diese zu kompensieren, in dem sie sich wahllos auf Männerbekanntschaften einließ.

Sie schleppte die absonderlichsten Typen mit zu sich nach Hause. Vom Psychopathen über Alkoholiker bis zum Drogendealer war alles vertreten. Und immer glaubte sie, dass sie den richtigen Mann gefunden hätte, mit dem sie zusammenleben könnte.

In der Regel waren diese Episoden nach wenigen Wochen vorbei und es folgte nur noch der übliche Stress, den Männer machten, wenn man ihnen den Laufpass gab. Anna fiel regelmäßig nach solchen Affären in ein tiefes seelisches Loch.

Marie kam aus der Provinz, wo sie in einem kleinen Hotel eine Lehre als Köchin absolviert hatte.

Nach der Ausbildung eröffnete sie ihren Eltern den Wunsch, eine weiterbildende Hotelfachschule zu besuchen. Dafür musste sie von zu Hause wegziehen, was ihren Eltern im ersten Moment aber überhaupt nicht recht war. Es war ihr einziges Kind, was sie jahrelang wohl behütet hatten. Und jetzt wollte ihre Tochter in eine Großstadt ziehen, wo es dort doch so viel Kriminalität gab. Die Zeitungen waren ja voll von diesen Berichten.

Marie ließ sich aber nicht beirren. Sie hatte klare berufliche Vorstellungen für die Zukunft und wollte diese auch unbedingt verwirklichen.

Sie bewarb sich bei einem renommierten Hotel zur Ausbildung als Hotelkauffrau. Aufgrund ihrer guten Zeugnisse wurde sie auch angenommen. Schweren Herzens ließen die Eltern Marie in die Stadt ziehen, nicht aber ohne die Zusage, sie finanziell zu unterstützen so gut es ging.

Marie war froh, nach 22 Jahren den Landmief hinter sich gelassen zu haben. Sie liebte zwar ihr kleines Dorf, aber für sie war schon lange klar gewesen, dass sie nicht in der Provinz versauern wollte. Sie war neugierig, steckte voller Energie und hatte vor, die Welt in all ihrem Spektrum zu entdecken.

Der Friseursalon in der Geiblerstraße war ein beliebter Treffpunkt für Frauen, die in der Umgebung wohnten. Hier ließen die Frauen nicht nur ihre Haare frisieren, nein, hier konnten sie sich auch über den neusten Klatsch und Tratsch im Kiez austauschen.

Für Anna gab es einen Grund mehr, öfter im Salon zu erscheinen. Sie half gelegentlich im Salon als Friseuse aus, hauptsächlich aber lebte sie von der geringen Arbeitslosenhilfe, die sie bekam.

Marie war erst vor ein paar Monaten in die Geiblerstraße umgezogen. Der Charme einer hübschen kleinen Zweizimmerwohnung hatte ihr es angetan. Sie war preiswert und lag direkt gegenüber vom Frisiersalon, in der zweiten Etage eines Altbaus. Für sie bot es sich natürlich an, dort regelmäßig ihre krausen Haare frisieren zu lassen.

Bei Maries ersten Besuch im Salon ist ihr Anna nicht nur durch ihr rotblondes, lockiges, wallendes Haar, dass ihr bis auf die Schultern reichte, aufgefallen. Vielmehr fiel Marie auf, dass Anna einen Redefluss produzierte, von dem man glaubte, ihn nicht stoppen zu können. Sie war ständig am Quasseln und es war schwierig auch nur ein Wort dazwischen zu bringen.

Der Salon war gut besucht und Marie stellte sich auf eine längere Wartezeit ein. Nachdem sie einen angebotenen Kaffee entgegengenommen hatte, setzte sie sich auf einen Stuhl und wartete, bis sie an der Reihe war. Nach einer guten halben Stunde wurde sie von Anna aufgefordert, auf einen Frisierstuhl Platz zu nehmen.

Anna stellte sich vor und bot Marie sofort das Du an.

Marie nahm es gerne an, denn sie legte nicht allzu großen Wert auf diese Höflichkeitsformel.

Anna erkundigte sich bei Marie, wie sie ihr Haar frisiert haben wollte. Marie äußerte ihre Wünsche und nach eingehender Beratung legte Anna los.

Während der Prozedur des Haareschneidens stellte Anna die Eine oder Andere Frage. Und so blieb es nicht aus, dass Marie und Anna in Kontakt kamen und sich näher kennenlernten. Marie war es recht, denn sie fühlte sich ohne ihre gewohnte Umgebung doch etwas einsam. Sie war froh, ihre erste Bekanntschaft in ihrem neuen Umfeld gemacht zu haben.

Bei den nächsten Besuchen von Maria im Frisiersalon wurde die Vertrautheit zu Anna immer intensiver. Sie redeten jetzt nicht mehr nur über banale Themen, wie wohl das Wetter morgen wird oder wie gut ist die neuste Creme gegen Falten.

Die Beziehung entwickelte sich da gehend hin, dass Marie Anna zu sich nach Hause einlud.

Maria ging fortan zum Haare schneiden nicht mehr in den Frisiersalon. Anna frisierte von nun an die Haare bei Maria zu Hause. Das Extra verdiente Geld konnte Anna gut gebrauchen.

Die nächsten Wochen war Anna ein ständiger Gast bei Maria. Bei Maria konnte sie sich ihren ganzen seelischen Kummer von der Seele reden.

In der Hauptsache ging es bei den Gesprächen, immer wieder um ihre desolaten Männerbekanntschaften.

Annas Problem war, dass sie sich immer auf den gleichen Typ Männer einließ. Sie war lieber mit Chaoten zusammen, als alleine zu Leben.

Maria dagegen war Bodenständig und kam gut ohne einen Mann zurecht. Es bedeutete aber nicht, dass sie sich nicht auch nach einem liebevollen Mann sehnte. Und so ergab es sich, dass sie auf ihrer Arbeitsstätte den netten Hans kennenlernte.

Hans war 30 Jahre alt, hoch aufgeschossen und äußerst charmant. Er arbeitete seit zwei Jahren als Koch in dem Hotel. Nach mehreren Anläufen hatte er es geschafft, Marie zu einem gemeinsamen Kinobesuch überreden zu können.

Marie liebte Kino und war von Hans charmantem Auftreten ganz verzückt. Sie konnte Hans Umwerbung auf die Dauer nicht widerstehen.

So dauerte es auch nicht mehr allzu lange, bis sie ein Paar waren.

Für Anna war diese neue Konstellation nicht einfach zu bewältigen. Sie hatte Marie jetzt nicht mehr nur für sich allein. Eine gewisse Eifersucht auf Hans konnte sie nicht verbergen. Insgeheim hatte sie aber ein Auge auf Hans geworfen. Der Charme von Hans hatte es ihr ebenfalls angetan. Sie traute sich aber nicht es offen zuzugeben, zu sehr schätzte sie die Freundschaft mit Marie.

Es geschah an einem Wochenende. Marie war zum Besuch zu ihren Eltern gefahren.

Anna wusste, dass Marie zu ihren Eltern gefahren war. Sie nutzte die Gelegenheit aus, sich mit Hans auf ein Glas Wein in seiner Stammkneipe zu verabreden.

Hans hatte frei, und weil er nichts Besseres zu tun hatte, sagte er der Verabredung mit Anna zu. Ihr Treffen verlief wie gewohnt in einer lockeren Atmosphäre. Der Abend zog sich dahin und aus einem Glas Wein wurden schnell drei, vier. Die Zungen wurden lockerer und die Unterhaltung ging mehr und mehr in die Tiefe. Plötzlich fanden sich beide unheimlich sympathisch und meinten sie müssten sich unbedingt knutschen. Anna hatte die letzte Zeit nicht viel Sex gehabt und war ziemlich „trocken" zwischen den Beinen. Sie ging jetzt aufs Ganze und griff Hans direkt an die Genitalien. Sie spürte seine Erektion und ihr Verlangen nach ihm wurde umso größer.

Hans war Anna jetzt gänzlich ausgeliefert. Er machte keine Anstalten diese unmissverständliche Anmache zu beenden. Der Wein verwirrte seinen Geist und so ließ er sich fast willenlos von ihr „abschleppen".

Die Ernüchterung kam für Hans am nächsten Morgen. Er fühlte sich mehr als beschissen, was nicht nur auf den Wein zurückzuführen war.

Warum hatte er die Kontrolle verloren und sich von Anna verführen lassen?

Beschämt zog er seine Klamotten an.

Anna versuchte ihn zu einem gemeinsamen Frühstück zu überreden, in der Hoffnung ihn danach nochmals für einen Fick ins Bett zu kriegen. Hans hatte aber keinen Appetit mehr, weder auf ein Frühstück noch auf Anna. Er war auf sich selber abgegessen. Ohne Umschweife verließ er die Wohnung von Anna.

Hans plagte schwere Gewissensbisse. Nach der Rückkehr von Marie kam er nicht umhin, ihr von seinem Fehlverhalten zu erzählen.

Marie war konsterniert und tief verletzt. Ihr Vertrauen zu Hans war derart infrage gestellt, dass sie eine vorläufige Auszeit ihrer Beziehung verlangte. Sie brauchte vorerst Abstand von Hans, um diesen Vorfall in Ruhe verarbeiten zu können. Mit Anna verabredete sie sich zu einem Gespräch, um sich eingehend mit ihr über diesen Vertrauensbruch zu unterhalten.

Anna wiegelte die ganze Angelegenheit ab. Sie versuchte sich mit der Entschuldigung herauszureden „einen zu viel getrunken zu haben". Marie ließ diese Entschuldigung als zu dürftig nicht gelten. Für sie war es ein schändlicher Versuch gewesen, ihr den Freund auszuspannen. Sie kündigte Anna kompromisslos die Freundschaft.

Marie und Anna sind nach dieser Begebenheit nie wieder zusammengekommen. Und auch von Hans hatte sie sich nach einer weiteren Aussprache bis auf Weiteres getrennt.

Bemerkung des Autors

Anhand dieser Geschichte können Sie sehen, liebe Leser, wie missbrauchtes Vertrauen das Ende einer Freundschaft herbeiführen kann. Sie sollten sich daher vorher genauestens überlegen, ob Ihnen ein derartiges Fehlverhalten der Verlust einer Freundschaft wert ist. Verlieren Sie nicht leichtsinnig, was Sie mühsam aufgebaut haben.

Lernen Sie gewonnene, Freundschaft zu schätzen.

Resümee

Abschließend möchte ich noch einmal die wichtigsten Segmente einer Freundschaft in einer kurzen Zusammenfassung festhalten.

Die Freundschaft ist ein sehr wichtiges Glied sozialer Bindungen. Umso gewichtiger ist es, Freundschaften zu schließen.

Ein bedeutsamer Aspekt der Freundschaft ist, sich vor sozialer Isolation zu schützen. Sie bietet sozialen Rückhalt und hilft durch persönliche Krisen.

Freundschaft ist die treibende Kraft der Einsamkeit entgegen zu wirken und parallel Platz für seelische Tiefen zu schaffen. Sie dient zur Lebensorientierung und der wahren Selbstfindung.

Sinn einer Freundschaft ist es, sich gegenseitig in seiner persönlichen Entwicklung zu helfen und zu fördern.

Freundschaft ist eine persönliche Beziehung zwischen Menschen, die weder Gesetze noch Regeln kennt und an keine bestimmte Rollenerwartung gebunden ist. Freundschaft zeichnet sich durch Verlässlichkeit und Treue aus. Das hervorstechendste Merkmal dieser Beziehung unter den Menschen ist ein hochgradiges Maß an Vertrauen.

Die Freundschaft zu pflegen ist ein wichtiger Bestandteil in dieser Beziehung. Wahre Freundschaft ist ein bedingungsloses Geben und Nehmen.

Nachwort

Ich hoffe, liebe Leser, dass Sie das Buch zum Nachdenken angeregt hat. Darüber nachzudenken, ob wir wirklich so sehr mit uns selbst beschäftigt sind, dass wir es nicht mehr für nötig halten, uns mit anderen Menschen auseinanderzusetzen.

Wir leben in einer Gesellschaft, die immer mehr zur Ichbezogenheit tendiert. Was wir praktizieren, ist Isolation, statt Verständigung. Jeder ist sich nur noch selbst der Nächste, der Mitmensch wird bedeutungslos.

Nur große Naturkatastrophen bilden eine Ausnahme.

Hier wird noch Mitgefühl geweckt, wenn wir das Leid von vielen Tausend Menschen sehen. Der Verstand an unsere Seele appelliert, helfen zu müssen.

Im alltäglichen Leben aber gehen wir achtlos aneinander vorbei, kümmern uns nicht um die Sorgen unserer Mitmenschen.

Der vermeintlich banale Alltag verleitet uns dazu, oberflächlich zu werden. Aber genau das ist der Punkt, wo wir ansetzen müssen. Fangen wir an, wieder ein Gehör für unseren Mitmenschen zu haben.

Die kleinen Details im täglichen Leben zu bewältigen, ist genauso wichtig, wie bei großen Katastrophen zu helfen.

Freundschaft ist die einzige Form von zwischenmenschlicher Beziehung, um Isolation und Angst zu überwinden.

Nur durch die Freundschaft wird es möglich, eine friedliche Welt zu erschaffen. Aber dafür müssen wir etwas tun.

Gehen wir aufeinander zu und üben uns in Toleranz, in der es in unserer Gesellschaft so sehr mangelt.

Nur so können wir unsere selbst verschuldete Isolation überwinden und zufriedene Menschen werden.

In diesem Sinne, schließen Sie Freundschaften so viel Sie können und leben Sie diese Freundschaften.

**Weitere Bücher von Bernhard Ka
aus der Reihe Lebenshilfe**

Frauen bevorzugt
Tipps für schüchterne Männer

Thema dieses Buches ist, Männern bei ihrer Schüchternheit gegenüber Frauen zu helfen. Durch einfache Anleitungen zu praktischen Übungen und fiktiven Gesprächsbeispielen, vermittelt der Autor den männlichen Lesern, wie sie Frauen ansprechen und kennenlernen können. Ein praktischer Ratgeber, für schüchterne Männer aller Altersklassen.

Nur als E-Book erhältlich   6,49 €

Wenn's nur noch kracht
Tipps gegen die Ehekrise

Thema dieses Buches ist, die Ehe und ihre Krisen.
An Hand von Beispielen, analysiert der Autor, wie es zur Krise in der Ehe kommt. Er gibt praktische Tipps, wie Sie die Krise bewältigen können. Nachdem Sie dieses Buch gelesen haben, wird sich Ihre Ehe verändern. Ein praktischer Ratgeber für Ehen in der Krise.

Nur als E-Book erhältlich   6,49 €

Frei von Angst
Der Weg zu entspannterem Leben

Der Autor beschreibt, wie Ängste entstehen,
woher sie kommen, ohne zu Fachsimpeln.
Er gibt Hilfestellung, wie man gegen seine
Ängste ankämpfen und sie für immer verjagen
kann.
Ein kleiner Ratgeber, für alle die Ihre Ängste
verlieren wollen.
Eine Broschüre, für den Weg in ein angstfreies
Leben.

Nur als E-Book erhältlich   6,49 €